EN BRUT

Magdlin

EN BRUT

Du même auteur :

Anti-S[tress]21, aux Éditions Brumerge, 2021

© 2022 Magdlin

Édition : BoD – Books on Demand, info@bod.fr
Impression : BoD – Books on Demand,
In de Tarpen 42, Norderstedt (Allemagne)
Impression à la demande

Illustrations : Magdlin

ISBN : 978-2-3224-3795-5
Dépôt légal : Juin 2022

Préface

Je vous présente des textes et dessins plutôt en brut à la place de l'impeccable. Vous y verrez si c'est à votre goût. Pour dire que je ne suis pas catalogué, je me permets cette fantaisie. Qui veut-on classer vraiment, sans faire d'erreur ? Pour ne pas condamner, on peut laisser faire ces expressions librement. J'en suis à mon septième livre et cela me pousse à vous faire lire encore, sans cibler des proies, non, je ne tire pas. Je ne veux pas vous donner du fiel, mais selon la nature, il y a du miel chez certains… Ce livre est un travail à réussir, si je me le voulais ainsi, avec, et non sans d'autres.

Comment peut-on conseiller aux autres de vivre comme soi, alors qu'on n'a pas la même histoire, en l'occurrence que connaît-on de l'histoire de l'autre ? On partage des points de vue, je suis d'accord. Les chemins se croisent, oui, je le conçois. Mais l'autre n'est pas une machine à écouter. Il y a de bons samaritains pour aider, j'en suis ravi. À ce propos, une des méchancetés, c'est d'empêcher d'aider.

Que l'on trouve des objections, on n'est pas sur le lieu des juges et du tribunal. Non, je suis naïf. Car c'est souvent l'argent la motivation, ou la famille, ou encore l'avantage psychologique que le fauteur veut avoir ou garder. Mais on sait que les mauvais sont identifiables.

Des rapprochements amicaux, d'un côté, des éloignements décidés, de l'autre, voilà une façon de s'en sortir. Chacun a gardé son expérience et ses chances d'être heureux, mais le bonheur, en philosophie, n'est pas écrit d'avance. Tintin au Tibet est plus tranquille que Rick Hochet avec un verre de Vodka. On doit voir avec quelques conseils, mais pas tous les conseils, le monde comporte des fonctionnements propres à chaque cercle d'hommes et de femmes de chairs et de sang, susceptibles de commettre des erreurs, mais aussi de très bonnes choses.

* Le vrai fou, c'est celui qui a tout perdu, sauf son père.

* Huit mai ? Oui, mais… d'une Allemande à son pote français.

* Mourir, c'est un peu moins de souffrance

* Argent, pas assez d'oncles Picsou dans le monde.

* « Mein Kampf » te voilà traité en public dans les librairies, mais sans peur, on t'achètera.

* La Joconde sourit, on ne pleure pas, t'es mon gaillard, Léonard !

L'asocial est né de cet animal de la société qui ne veut pas de gens pour des raisons multiples.

Je ne suis, ou je ne suis pas, cela est plus clairement exprimé que « Je suis ». Le négatif a cet effet qui cherche à compenser ce qui n'a pas été satisfait. La violence est née de cela aussi. Le parler de travers est un exemple qui se pratique. Les limites sont mal définies sur l'asocial qui a sa logique. Des choses non évidentes peuvent apparaître sans qu'on ait voulue de ce que la société a créé d'associable. Ceux qui ont vécu savent le possible et l'impossible. C'est justement le possible de l'impossible qui fait un peu peur. Suffit-il que des esprits arrangeurs équilibrent les choses ? Non, à mon avis. Je ne parle pas sans avoir été, on est quelque chose quelque part. Après, on a à échanger avec d'autres. On ne vient pas échouer quelque part. On garde le cap. Mais sans la peur, ce serait plus simple.

* Deux choses, deux pays, France et Chine, rien à comparer.

* On est malin d'être copain avec celui ou celle qui le veut par amitié, même si c'est le diable.

*Le moteur a toujours un frein sûr, à chaque véhicule bichonné.

* Chasser, c'est préparer la cuisine, pas de sanglier sans fusil.

* Les soignants sont en état d'être un des États de la santé, c'est bravo à eux.

La bonne fée viendra à ceux qui ont progressé dans tous les rêves non américains, puisqu'après eux, ce sera nous. C'est tout ce que la Terre peut ou pas, cela appelle à gérer de manière à vivre avec plus ou moins de réussite. Sur une autre planète, ce n'est pas possible. Soit on l'accepte et on garde notre avenir, soit on creuse la tombe de nos enfants ; eux qui aiment nos bons côtés, ne détestent pas cette fée, on peut laisser tranquille leurs espoirs d'enfant et enfants de nos âmes. Si l'on se soigne, même la nature deviendra amie pour longtemps, la fée.

* Les mauvais psychologues font du bon travail pour le FBI, la CIA et DST.

* Sardou chantait : si les Américains n'étaient pas là, nous serions tous en Germanie.

* Les trafiquants n'ont pas de pays, on est de tous ces pays.

* France Gall ? Ne dites pas trop son prénom, « fuir le bonheur, de peur qu'il se sauve » de Birkin.

* Ne te taillade pas les veines, tu auras besoin d'un long fleuve tranquille pour promener un amour.

Travailler dans un journal n'est rien à côté des jours de rires dans les spectacles d'humoristes aux terribles talents qui semblent être une gloire de la provocation, sans l'être véritablement. Les inquiets veulent être rassurés, puis les autres aiment trop certains clowns pour vivre, d'autres sont drôles sans ces spectacles et prennent peu de précautions pour être tranquilles. On vous mène en bateau et les mers calmes ont besoin de tempêtes pour être leur nature. Les petites embarcations n'y survivront pas. Mieux vaut nager dans une piscine bleue que de naviguer avec la tristesse du capitaine. Mais on rit par des moments qui ne sont pas à quelqu'un et puis la drôlerie voyage. Mon cas est une substance pour moi-même, et j'ai dû faire rire, sans trop en faire. Le 666 des humoristes vous propose de rire sans trop vous faire acheter leurs billets. Même si on est contre cela, l'argent, c'est l'argent. Ça n'infecte pas, mais ça affecte drôlement. Les stars du rire ne peuvent que se nourrir des choses et des gens propriétaires de certaines choses risibles, sans grandes réalités ; ma voisine m'a dit qu'ils n'ont pas appris. Avec le talent, moins besoin de réunions, partenaires sociaux, manifs, trahisons, racisme, tyrans, guide Michelin, CV, mais les gens bêtes qui ne travaillent pas ne sont pas visés.

* Un homme chante, une femme danse, un singe se moque, mais l'homme et la femme n'ont pas vu de banane.

* Souvenez-vous des proverbes parce que personne n'est un professionnel du verbe.

* Fabrication allemande, recherche française, sushis européens, la petite maison dans la prairie chinoise, nouveau livre russe, secours du monde.

* Un judoka se moque des ceintures non méritées dans les bars qui boxent sans voir de ceinture, mais c'est normal.

On a tous besoin d'exister auprès d'autres aux opinions différentes des siennes, mais pas sans cœur. On est fait de ce sang dans nos veines sans avertir pour qu'il fonctionne à plein régime. On n'a pas peur des Don Juan qui nous prennent nos conjointes, mais faut-il leur expliquer comment ça marche ? On ne laisse rien aux équipes adverses comme dans le sport. Ce n'est pas dans nos têtes quand on se méfie. On sait garder ce qui nous porte, sans support, on ne serait que du vent. Les chants du cygne ne sont pas pour celui, celle qui compte vivre. Les aventures des uns ne doivent pas nuire aux autres. L'humain sait discerner.

* Qu'est-ce que la société ?

Accuser les riches d'être riches et les pauvres d'être pauvres.

* Qu'est-ce que l'environnement ?

Accuser les patrons d'être négligents... avant d'y penser.

* Qu'est-ce que l'arme absolue ?

Accuser les gros budgets de l'armée.

* Qu'est-ce que ici-bas ?

Accuser la hauteur.

* Qu'est-ce que voler (son voisin) ?

Accuser les erreurs sociales

Faire sans être accusé.

On ne peut pas tellement se soucier du lait et du feu, quand on a sa vie en jeu, à cause qu'on a quitté chez soi par les guerres et les exactions qui menacent jusqu'à la torture parfois. Et que dire quand les enfants sont à sauver ? Les pays sont parfois malades d'eux-mêmes, les cieux sont là-bas déchirés, les dirigeants assez insensés. Les racismes se multiplient, mais ne pas nourrir leurs moyens peut les faire réfléchir, tout en éclairant les obscurs pour comprendre que l'on est très peuplés, plus de sept milliards sur la Terre. Ici, aussi, on a du lait sur le feu, mais on a la tête encore peu chauffée et on économise l'énergie, cela nous a appris à faire attention.

Les ordres de notre ciel non déchiré sont que l'on peut calmer les choses agitées, en sachant que vivre ensemble ne laisse pas beaucoup d'illusions.

* Jouer n'est qu'une comédie.

* Les jeux sont pipés du dé.

* Les joueuses sont belles.

* Rejouer est un mélodrame.

* Les enjeux sont sérieux.

* Cacher joue.

* Des jouables des jours.

* Déjouer un plan, apprécions.

* L'air enjoué d'une fille doit-être devant le Moulin Rouge.

* D'un jeu de fleur pousse Ronsard.

Le cochon solitaire s'est effrayé devant un loup. Il est méchant, vraiment méchant, mais abruti par ce qu'il ne sait pas lire ni écrire. Il menace quand même le cochon de le tuer pour le manger. Alors, le cochon regarde quelque chose qui semble signifier un mot : ah, oui, il dit au loup que c'est marqué sur la pancarte « propriété privée » ; alors le loup dit : t'as de la chance, p'tit gros ! Je m'tire. Alors c'est comme ça que le cochon s'en tire. Heureux, il rentre dans son coin qu'il a déniché dans la maison d'un ermite. Cet homme l'a laissé habiter là. Il se dit à lui-même : j'en ai de la chance.

Haïku ?

Montagne qui vit
Suivez les pentes comme en eau de survie
Amonts, avals, cris.

C'est le temps des copains, de l'aventure de Françoise Hardy, où en est-on aujourd'hui ?

On voit des copains, en effet, les terrasses ont dû en rassembler, d'après-boulot surtout.

Pas de cherté des verres qui émeuvent les porte-monnaies, en échange du plaisir des assis en terrasse, c'est l'essentiel.

En plus, films des portables, c'est génial, avec du rire pour oublier le stress. On ne badine que pour le plaisir. Les Covids nous rendent variés dans le point invariant delta, en nous retrouvant un peu variant aussi.

* « On n'est pas des quand mêmes »
Si, on l'est un peu.

* « Vaut mieux être raciste que d'être PD.»
Si, ça vaut de comprendre.

* « On affirme, on est malin »
On est plus malin que ce qu'on affirme.

* « Pauvre France » ?
Non, pauvres ou non.

* « Diabolisation »
Des Nazis sans les Nazes.

* « Trouve-toi une copine »
L'amour est dans le pré.

* Ils n'ont qu'ça à faire »
Pauvres gars, rentrez chez vous.

On est obligés de nous inventer des vies à la bonne volonté des autorités et de l'amitié de ceux qui travaillent, que l'on soit bons ou moins bons. La société est obligée de s'accepter elle-même. Il faut accepter de tourner aussi rond que le synchrotron de Grenoble actuel, sécurité comprise. Cela n'éliminera pas le Covid 19, malgré tout, il y a des endroits pour les vacances et des loisirs encore profitables. Les charmantes filles de la vie n'attendent surtout que le soleil et du bon à espérer ensemble.

* Un capitaine a assez d'eau pour éteindre les feux de la directrice de son paquebot.

* Jean de La Fontaine persiste et signe.
Qu'elle belle poésie.

* Hughes n'est pas indien d'Amérique, mais il sait les saluer.

* Pas de chômage pour apprendre.

* Un autre n'a de valeur que si on en a une.

* Bon sang ne saurait mentir… à tout le monde de libre !

Les concurrents de la vidéo se voient tellement, ce n'est pas croyable de savoir leurs noms dans les publicités. Ce sont d'inspirations américaines, depuis la naissance du Net.

Ne pas voir, ce serait ne pas entendre qu'il faut profiter de cet or mondial des images, presque rater sa vie, ou alors être pris par autre chose que la consommation à l'allure que l'on sait galopante. Finalement, presque tout le monde est beau d'avoir tant aimé la vie avec ses moyens et ses problèmes. À dire que les méchants n'existent pas, ce serait exagéré.

* Demandez un jour.
La nuit brillera des danses.

* Buvez votre soif de la vie.
La faim n'arrivera pas.

* Abreuvez un poulain.
Vous aurez du tonus.

* Chantez la mer.
Vous jouerez avec sa musique.

* Faites vos côtes.
La montagne sera ma copine.

* Restaurez les vestiges.
Les collègues arrivent.

* N'oubliez pas les buses.
Vos champs dureront.

À revenu égal, la femme et l'homme seront plus heureux sans beaucoup faire d'ennuis. C'est un point qui n'a pas été résolu et c'est dommage. De façon générale, les inégalités seront à réduire. La société est en demande de pouvoir d'achat et de sécurité, les deux vont de pair, en contraste des factures aux totaux en hausse. On ne veut pas servir l'argent, en plus de problèmes de santé et de famille de voisins violents, de l'État qui semble faire du surplace. Si on veut se faire des amis, c'est dans le sens courant qu'on doit faire.

* 144 000. Dans la Bible, c'est clair, ça dépend si on croit avec ou sans horizon de soleil.

* Vous n'avez pas de cierge ?
Prions quand même.

* Une religieuse m'a toisé,
Je suis foutu.

* Je peux, si veut un prêtre du mieux qui peut, la boucle est bouclée.

* Le drame est un charme opérateur de la vie.
Dramaturge, c'est pas mal.

* Un rond dans un carré, ce ne serait pas tout à fait un œil de Jésus.

* Se faire photographier son adresse, on ne rend pas à César ce qui appartient à César.

L'utilisation du vulgaire dans une chanson, ce serait de poivrer par-dessus le piment une viande (bonne) en sucrant la garniture, de manger du Saint-Marcellin avec une beauté qui ne se mange pas en salade, de mélanger des cacahouètes avec de la monnaie de singe et sa vésicule biliaire, de faire de la moutarde avec une femme de Dijon sans pub, faire des tartes pour les entarteurs, voler des escargots de Noël dans l'herbe du voisin, offrir sans regarder… et manger son pain blanc avec Mme Pain blanc.

* L'expression « l'erreur est humaine » gêne quand une voiture passe et écrase Toto qui va à l'école.

* L'expression « en file indienne » gêne quand Toto y est et l'autre derrière l'écrase.

* L'expression « on compte ses amis sur les doigts d'une main » gêne quand Toto manque à l'appel.

* L'expression « jouer le jeu » gêne quand Toto ne joue pas.

* Les anges n'oublient pas Toto qui est en rêve, éveillé à l'école.

* Toto est trop fier de savoir qu'il compte bien rester négatif au test du Covid-19, parce qu'il a eu 19/20 en Biologie.

Les noirs sont patients, Astérix va être dans l'Empire du Milieu en film, les jaunes font ce qu'ils peuvent, les voitures du progrès se marient au casque d'Astérix, mais les bonnes gens n'aiment pas être visés par ce film.

En attendant, on fabrique de plus en plus de pauvres. Ils sont débrouillards dans l'espoir d'essayer pour réussir, alors que les cinéastes réussissent pour essayer… de nouvelles farces pour le public.

En attendant, des lunettes noires ne suffisent pas à faire des stars.

N'aimez pas tout ce qu'on vous dit. Vous êtes un public éveillé.

Ne mangez pas le rouge-gorge,
Le martinet, le merle.
Autrement, vous chanterez faux.

Ne mangez pas l'hirondelle,
Le perroquet, l'étourneau,
Autrement, vous ne tournerez pas rond.

Ne mangez pas la bécasse,
L'oiseau-lyre, la perdrix.
Autrement, vous vous perdrez

Vous aurez ou n'aurez pas la vie démoniaque stupidement, si l'on continue sans résultat de ce que l'on ait de meilleur, de ce que nous avons de bon. Le bon avocat d'une affaire n'existe pas. Les évolués sont ce que l'on croit en nous, la note qui accompagne notre conviction peut se changer en pire. Que les mauvais soient en nous ne change rien à la démence qu'est la petite vie dans une petite ville et la grande vie, partout. On est rendus accrocs à ces drogues qui dopent nos choix. Nos capacités sont en ce que ça désintéresse ou intéresse la société de l'intérêt.

* La nature est objet qui souffre.

* Les gros bêtes font partie de la nature, secondaires.

* Est-on sûr de la nature ? Oui.

* Nature, actes.

* La Terre, nature, culture.

* La vie vient, Ô Nature !

* Nature humaine, oui avec et non sans.

* Goûtez voir, nature.

* Sa nature, la profonde !

* Chirac : « Naturellement »

* Une nature, un amour.

Les sous-doués sont en vacances, alors les films français se tournent passablement, concurrencés par les films étrangers qui se foutent des Français. Il est temps un jour ou toujours de rester les mêmes genres. Nous n'avons pas les mêmes valeurs, mais négocier est important. Des enquiquineurs sont ces acteurs à gros rires qui ont pourtant des collègues meilleurs qu'eux, par contre les copyrights ne sont pas vraiment respectés. La culture donne du bon et du détestable, mais les vacances sont moins bien que le travail du cinéma. La Covid-19 remet le doute à ces milieux comme personne.

* Quelle est la différence entre la dictature et la démocratie du rire jaune ? En dictature, on peut être soupçonné de gentillesse, en démocratie, de méchanceté. L'être humain est ainsi fait qu'il ne sera jamais heureux. L'argent fait le reste... L'amertume parsème les projets. Dieu, qu'est-ce qu'on veut réussir.

* Ne réveillez pas la senteur de votre rose, c'est elle qui va vous réveiller.

* On ne devrait pas être arbitre, sans avoir été arbitré par l'amour.

* Vous voulez danser avec la pluie, avec le blé, avec l'ânesse, avec la nature ? Vous rentrerez, après cette douche, fort comme un enfant. Il n'y a pas que le travail. Il y a l'amour de la nature.

Un apatride ne doit pas d'argent à la société, des pieds à la tête. La belle société n'est guère la bonne société. Quand la cité lui fait remarquer son jugement, l'homme apatride doit se préparer à la quitter, à défaut de la satisfaire en travaillant. Il arrive alors une sorte de harcèlement, on y voit des anomalies sociétales de droits qui ne construisent pas la cité ; en se soignant, c'est un moyen pour tenir le temps de voir un nouveau chemin se présenter. Un tel cadeau ou même rien n'oblige à rien la société, en France, et la cité a son ardoise à payer sans refuser l'apatride.

« Je suis né, pour t'aimer
Et je serai toujours ainsi
Tu es la vie de ma vie »

-> De qui est cet extrait ?

« Here we are
Face to face »

-> Même question.

« À Paris, au mois d'août »

-> Même question.

« Si t'as la solution,
Nous prononcerons notre dissolution »

-> Même question.

La pacification ne dépend que des conscients des risques, malgré les prises de parti, en sachant que la paix est souvent inapplicable. Prenez vos marques dans une éventuelle ère de modernisme écologique comme un jeune sportif.

Vous ne serez pas déçu de vous-même, mais si les sociétés ont déçu, il va falloir choisir entre beaucoup de choses. Depuis notre naissance, nous avons erré en erreurs aux yeux du divin, mais ce divin ne nous corrige pas. C'est pour cela que l'on forme les consciences et les savoir-faire pour avoir une meilleure vie, puisque nous travaillons les uns par rapport aux autres, sans illusion et sans rien promettre. Pacifier peut être une aide.

Un voyou et « Anne-Claude » parlent à un Apatride :

V : Toi, retourne là-bas.

A-C : Toi, on te garde.

V : Tu triches.

A-C : Tu me rappelles vers la rue Magdeleine.

V : Mon chien te mordra.

A-C : N'aie pas peur.

V : Tu profites de la sécu.

A-C : Tu ne manqueras pas de médoc. Tant pis pour les pharmacies qui ferment.

V : On n'a pas à accepter les Cambodgiens.

A-C : On ne parle pas de n'importe quoi !

On peut garder son cher agneau contre les propositions du banquier, n'est-il pas fait par amour de sa gentille adoptrice ? Ne pas échanger n'importe quoi, trouver et garder ce qui a un sens, c'est comme garder sa maison longtemps. Les profiteurs ne viendront plus. Les contrecoups de la vie n'y peuvent rien non plus, à moins qu'on soit en mauvaise santé, qu'une force nous persécute. Contre un ennui, on a des réseaux de personnes de confiance. Les besoins font que l'on soit prudent, et on sait être de toutes sortes de prudences. On sait s'y prendre, en ayant compté pour d'autres.

C'est la santé
Qu'on regarde,
Celle d'être
Aimée.

Quand quelqu'un ressort, je sors comme je ressors, un qui entre quelque part, je rentre comme un(e) autre entre, dans quelque lieu que ce soit.

Sent-on sa liberté sans s'en rendre compte ? Oui, les déplacements sont souvent autorisés, n'ayez pas peur, le ciel ne va pas tomber vraiment sur votre tête. Faites comme Charlie Chaplin en faisant de l'agréable sur son chemin de Charlot et le film muet, parlez sans reproche sur quelqu'un d'autre. Moi, je passe pour je ne sais pas ou trop car les vérités sont variées selon la personne et les psychologues de rue existent.

Un salon de thé au bout d'un parcours ou une librairie quelque part pour prendre part aux consommations d'achats, et c'est joué !

Fiction

Un paparazzi est jugé au tribunal en région PACA :

Le juge : qu'avez-vous à répondre sur des photos de Daniel C. ?

Le jugé : il a essayé de rimer avec Adèle.

Le juge : qu'avez-vous à répondre sur « Petite fille du soleil » ?

Le jugé : elle a essayé de rimer avec merveille et Yves Duteil.

Le juge : qu'avez-vous à répondre à Adeline ?

Le jugé : elle a essayé de rimer avec « Libertine » de Mylène F.

Le juge : qu'avez-vous à répondre sur Mme Grande ?

Le jugé : elle a essayé de rimer avec le fleuve. Pardonnez mon cas, mais mon patron me pousse à faire beaucoup de travail.

Le juge : c'est possible, vous repartirez libre, après une dernière question : pourquoi habitez-vous en Provence ?

Le jugé pleure. Il avoue : c'est-à-dire je rime un peu avec Michèle… qui n'a pas tort.

Le juge : c'est bien ce que je pensais !

On sait les leçons de ces professeurs déchaînés par la vie, ou l'amour de la vie, qui restent difficiles à endurer. Bonnes chances aux élèves en difficulté, je n'ai pas de recettes miracles dans ces cas-là. La provoc' n'est pas une solution pour vivre avec tolérance. Normalement, il faut bien écouter le prof. Aimer sa spécialité est conseillée, garder son calme et se préparer à la vie, faire simple même si ça ne l'est pas. Les plus forts ont leurs problèmes, les faibles doivent avoir beaucoup de liens, malgré les obstacles. Tentez, vous, les jeunes, vos chances crânement. Allez à l'essentiel avant tout, stars ou non, cigarettes ou non. Connaissez les lois, sans forcer.

On ne va pas vivre pour travailler sous abris anti-riches. Ce serait une source de plus de conflits avec le patronat qui ne résorbe pas les cas. Tout le monde est talentueux, mais l'économie ne regarde que les talents. Les chômeurs ne sont pas les ennemis des actifs. On sait se prendre par la main.

Mère courage s'était mariée avec Père embauche, et ayant une fille qui s'appelle capable. Les cris sur le lieu de travail sont de joies et l'amertume n'est pas quelqu'un à qui ouvrir sa porte. Les habits sont soignés à la mode des grands enfants. Les situations peuvent s'enchaîner.

Dans une ville, il y a une sculpture qui représente le fameux livre Mein Kampf au milieu d'une place du nom « place des livres ».

Il y a une boulangerie « du camp », un magasin de porte-bonheur « les protégés sans camp », une banque « des campagnes », un commerce « de camping », un jardin public où on campe. Seulement très souvent, les oiseaux font des fientes sur la sculpture de cette place, et les ouvriers de la commune refusent de les nettoyer. Un jour, une météorite tombe sur les campeurs et ceux-ci ont ramassé et revendu les morceaux séparément et deviennent presque riches. Un jour aussi, un touriste anglais prend des photos de cette place pour les mettre sur Internet.

que Bouddha vienne à tes prières sur tes habitants.

Ah, que tant de vies
Les forêts, les abris
Nous dorlotent. *Je te frôle.*

Ah, que tant de vies
Les ruisseaux qui crient
Avec baigneuses ! *Tu me frôles.*

Ah, que tant de vies
Les avions, les bateaux
Nous frôlent. *On se frôle, drôles.*

Mais pour être la nature
On ne le pourra pas
De vie à trépas. *Mais des rôles !*

Il y a quand même le futur.

Mon arc-en-ciel
Est du miel, des perdrix
Revient le doux parfum
De ce sucre,
Les airs ne se lassent pas
De les transporter.
Sans le jour, mon arc du ciel
Évadent encore les esprits
Comment ne pas se sentir bien
Jusqu'aux oreilles des natures
Qui nous portent en enfant
Souriants vers la vie.

qu'est un barbu ?

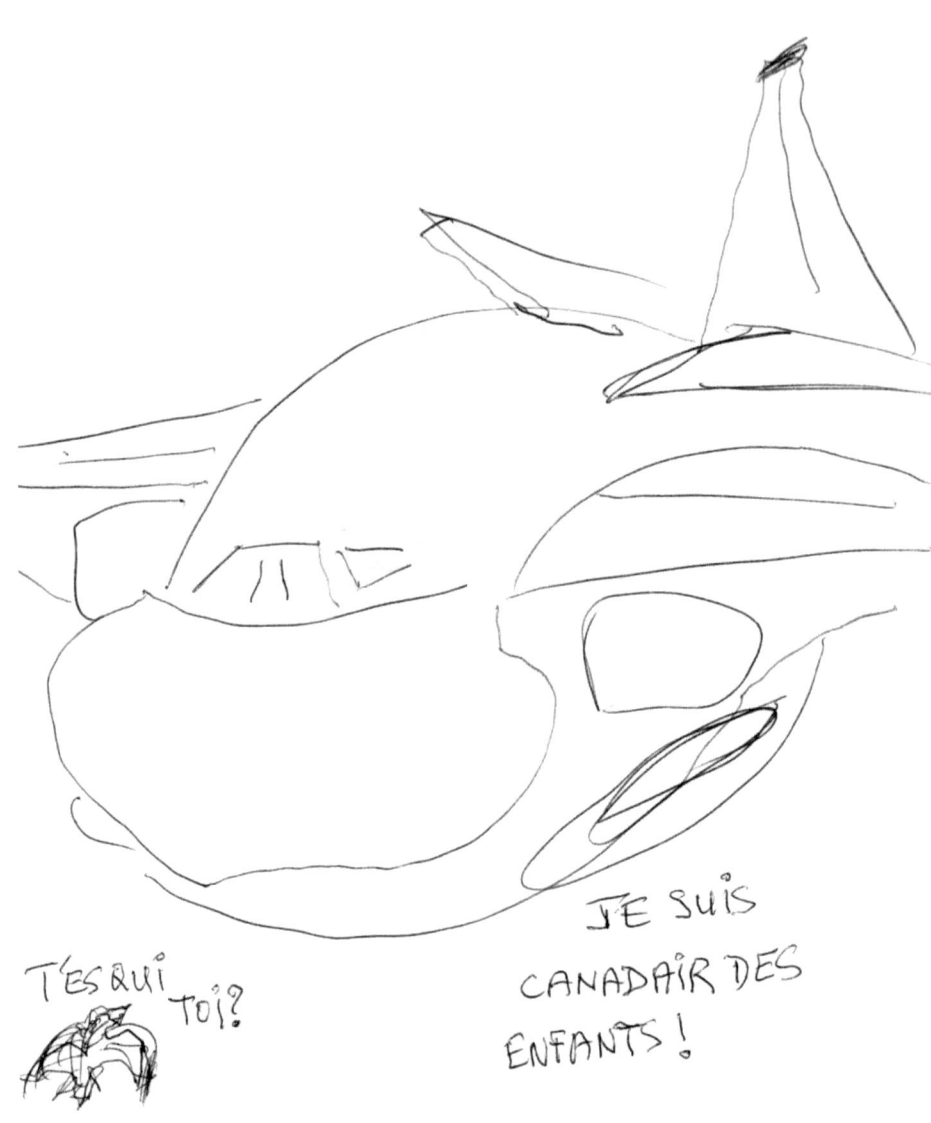

Je choisis la chanson « On ira » de Jean-Jacques Goldman
        pour accompagner ce dessin.

Les ONU-Jets J-27 Justice

Masque presque cyclope

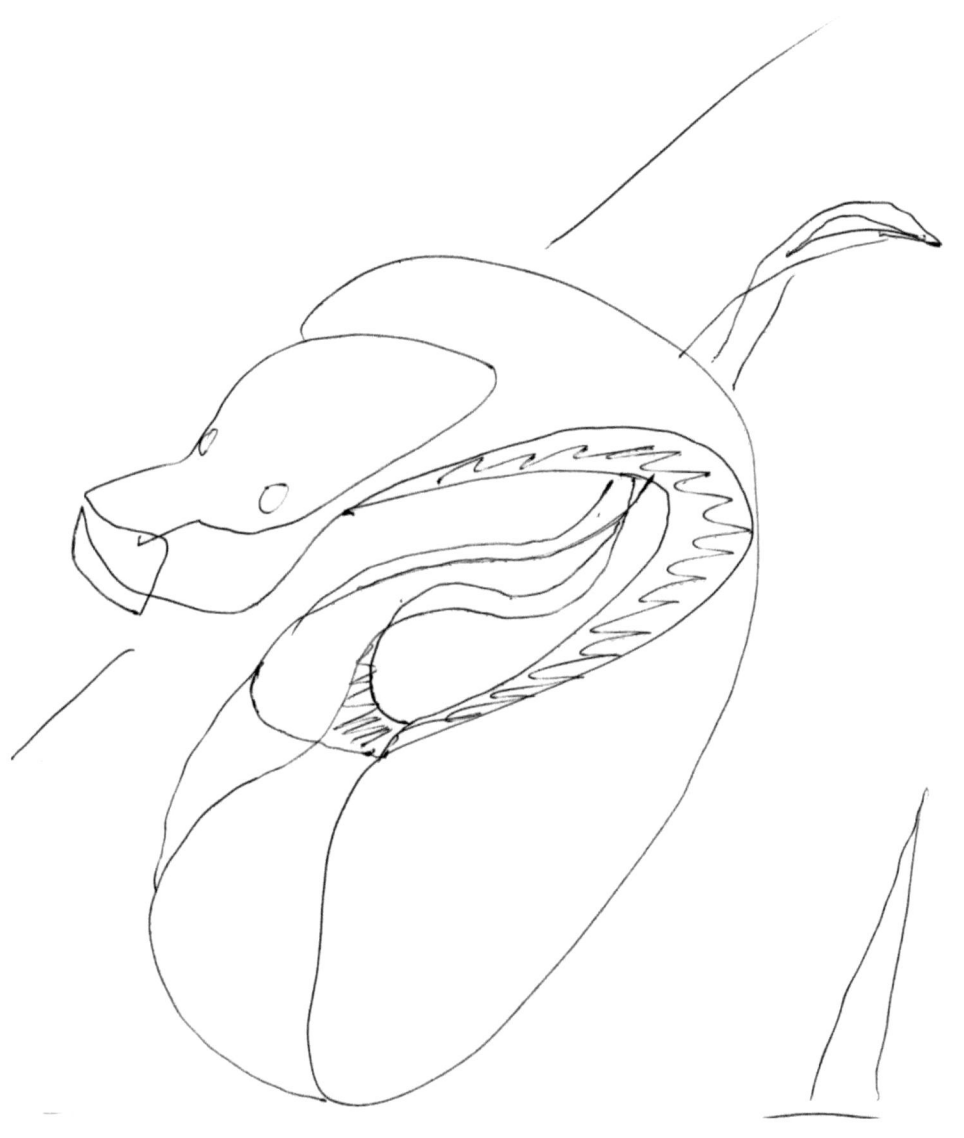

La vie est, la vie va.
On sait comme une famille.
L'épi ne fait pas le blé.
On comprend la musique…
Que faites-vous sans aimer vraiment ?
Aimer un peu.

c'est un
cadeau.

J'espère bien !

« Je m'appelle Bagdad, Shéhérazade m'a laissé tomber. »
Que c'est triste, cette chanson.
Les guerres de Bagdad, comme beaucoup de guerres, sont sauvages.
Il ne faut pas d'amours qui soient aussi sauvages !

Dans les mains

Mille choix pour vivre
Sans s'ennuyer
Pour aller vers des étés
De milliers de satisfaits
Comme si l'on aime
Son bébé allaité
De douces chaleurs.

Robot ?

Je suis spécial

Comme un micro pour soutenir un chant d'ami

comme pour patienter avec un peintre

comme pour découvrir des PERSONNAGES

Réglo,
pas à rigoler

Votre commentaire :

Changer ses espaces :
Oui, parfois.

Votre commentaire

#Quand on part, on se reverra, un peu de voyages.

Votre commentaire :

#Allez aux essentiels
cieux du Ciel, sinon priez.

#Que de non du peut-être
oui ou non.

#Contraire est et n'est pas
Selon ses choix.

#Jargons se font.

#Sous est du niveau
d'un autre.

#Soie et l'aime en
laine les doux.

#Chère brebis, pas
de loup quand il loupe le troupeau.

#La gloire d'un
père n'est pas numérique.

#Les concertos
évoquent tellement…

#Jouez, ou non.
nom de nom !

#Les soupes seront
chaudes.

#Réfugiés « verts »
l'ont fait positiver.

#Licence, maître
Ou pas universitaire.

#Pas de cinéma
sans réalité.

#Trouvez vos romances.

#Rendons le César…

#Avenir déjà pour
Des enfants…

#Tracer, comprenez
Le traçage.

#Comment du scientifique
Pas de trop pourquoi.

#Contraire est jouer.

#Sens, communauté….

#Mont(t) blanchiment
Caresse le Mont-Blanc.

#Les routes sont croisées.

#Changer d'actualité.

#Vos étoiles sont les miennes.

#Embrasser, m'embrassez pas.

#Les verres vont aux amis.

#Les herbes des agneaux sont abondantes.

#Travail, restez élégant.

#Reliez les ponts…

#Cherchez sans machine.

#Vendre en chantant, c'est sourire doublement.

#Enfance rime avec chance.

#Allez à tout l'essentiel.

Magdlin a fui le Cambodge avec sa sœur et son mari, après y avoir vécu de 1975 à 1979, le régime effroyable des Khmers Rouges.

Il a intégré des écoles en France avec l'accord des autorités françaises, et après avoir eu le bac, a juste fait des études de 1re année d'économie, sans durer et sans succès. Il a eu, comme une maladie, et après avoir parcouru et habité quelques villes, se retrouve à La Mure en Isère.